「1日1分」を続けなさい！

一生太らない〝神〟習慣

デポルターレクラブ代表
パーソナルトレーナー
竹下雄真

世界文化社

Prologue

トップアスリート、有名芸能人が密かに通うジムのメソッドとは

私は現在、東京都内でパーソナルトレーニングジムを運営し、パーソナルトレーナーとして活動しています。パーソナルトレーニングジムとは、専門のトレーナーが個別につき、トレーニングのメニューを組むとともに、食事管理やメンタル等のサポートを行います。つまり、個人のライフスタイルをマンツーマンでトータルサポートするのが、パーソナルジムの役割なのです。

当ジムにはプロスポーツ選手など多くのトップアスリート（例をあげるなら、サッカー日本代表選手やヨーロッパでも活躍する人気選手のほか、プロ野球の一軍で活躍する投

手や国民的注目を集めた高校生スラッガー）が訪れ、トレーニングを積んでいます。

芸能界では、連ドラや映画の主演女優・俳優をはじめCM好感度ランキングの常連の人気タレントも長く通われ、当ジムのメソッドをボディコンディショニングに役立てていただいています。また、外資系ビジネスマン、企業の経営者、医師、大学教授、アナウンサーなど、さまざまな職業、年齢層の人たちが当ジムを訪れます。こうした第一線で活躍されている人たちには、大きな共通点があります。

それは、**やるべきことを決めたら、習慣化するまで続けられる強い意志を持っていることです。** 意志は科学的に数値化できませんが、習慣化することで強化できることがわかっています。トレーニングに限っていえば、必要に応じてはじめたことに対して、彼らはほんの少しも手を抜きません。激務で多忙な生活にもかかわらず、いったんジムに予約を入れたら、どんなに過密スケジュールでも、必ず時間を捻出してジムにやってきます。

そして、一度トレーニングウエアに身を包んだら、全力で自分の体と向き合い、メニューをこなします。一流の人たちは時間がないぶん、結果に直結することしかしない。**目的を達成する人たちに共通することは、「自分で決めたことは必ず実行する」というきわめてシンプルなことだったのです。**

PROLOGUE

routine

成功する人が実践している「いちばんシンプルな習慣」

一流の人たちを観察していると、さまざまなことに気づかされます。彼らは、飲酒や夜遊び、夜ふかしなど、不摂生なことを一切しないわけではありません。**メリハリのあるオンとオフを持ち、オフのあとしっかりリカバリーすることを大切にし、実践しています。**睡眠時間も少なくとも6時間は確保し、脳と体の休息をしっかりととります。

夜遊びや夜ふかしで多少生活リズムがくずれても、すぐに立て直すには、どんなときもできるだけふだんと変わらない「ルーティン」＝習慣を持つこと。イチロー選手や五郎丸選手など、一流選手のルーティンがよく知られていますね。「忙しいから」「疲れたから」「急用が入ったから」……。人は、やらないためのいい訳として、さまざまな理由を用意するものです。ですが、**結果を出す人たちは、必ず何らかのルーティンと呼ばれる「魔法の習慣」を持っているものなのです。**禅を愛したことで知られるスティーブ・ジョブズも、若いころからヨガをするための時間を確保する習慣がありました。

世界一多忙といわれたオバマ前アメリカ大統領も、起床後45分間のトレーニングを欠かさなかったといいます。こうした人たちは計画性に長けています。トレーニングと遊び、休みの時間を計画的に配分し、次のパフォーマンスにつなげる努力を怠らないのです。

さらに、トレーニングをやるからには、継続することが大切です。たとえダイエットに成功し、一時的に美しいスタイルが手に入ったとしても、無理なダイエットでは、リバウンドしてしまいます。

歯磨きをサボったら虫歯になってしまいますが、それと同じく、筋肉も使わなければどんどん衰えていきます。とくに、20代以降を境に大腿四頭筋（太もも）の筋肉量は年に約1％ずつ低下するといわれています。

肉体も精神も、使わなければサビついてきます。人間の体を車にたとえるとわかりやすいでしょう。年式が古くなると車は傷んで故障しやすくなりますから、メンテナンスは欠かせません。走らせないまま放置しておくと、エンジンも正常に作動しなくなります。ですから、適宜手をかけながら大切に乗ることが肝心。**「呼吸をするように」「歯磨きをするように」、当たり前のように続けられる感覚で習慣化しなければならないのです。**

「1分」あれば、理想の体が手に入る！人生が変わる

このようにお話しすると、「そんなことはアスリートや一流の経営者だからできること」「私にはそんな才能はない」「あきっぽい私には無理」と思われるかもしれません。確かに、自宅にトレーニングルームがあるなど、条件面で違いはあるかもしれません。オバマ氏が起きてからすぐに本格的な運動ができるのは、ホワイトハウスにトレーニングルームがあったからです。

これを踏まえていうと、トレーニングを続けるコツは、簡単にできる運動を毎日のルーティンに組み込んで習慣化してしまえばいいということになります。

つまり、**運動の「強度」と「時間」を自分のライフスタイルに合わせてしまえばいいのです。** これらが自分のキャパをオーバーしてしまうと、続けることはできません。運動習慣を作ることに成功している人は、皆この習慣化が成功したからと断言してもいい過ぎで

はないでしょう。

ところで、どんなに仕事や人付き合いで忙しくても、たった1分ならなんとか続けられそうな気がしてきませんか。

1分トレーニングなら、時間の制限も場所の移動もなく、すぐにその場で実践できます。**1日1440分のうちのたった1分を、自分の未来のために使うだけでいいのです。**週に1回のトレーニングを受けるよりずっとハードルが低く、都合のいいときにすぐはじめることができます。人間の脳は、つらさを感じることに対して、なんとか理由を考えてサボろうとするもの。疲れているときは、だれだって筋トレなんてやりたくありません。しかし、わずか1分だけならどうでしょうか。

いままでの自分を変えるには、この「やれそうだ感」がとても大切。小さなステップを積み重ねることで、必ず体型が変わり、人生までもが大きく変化していくはずです。

そこでおすすめしたいのが、本書の「1分スクワット」です。トップアスリートもこれをトレーニングメニューにとり入れ、効果を上げています。

スクワットなら、特別な道具も場所も不要です。天候や仕事の状況に左右されず、すぐにその場で実践できます。さあ、ぜひ一歩踏み出してみてください。

condition

おなかが凹んでヒップアップ！「運動はスクワットだけでよい」

スクワットは、自分の体重だけの負荷しかかけず（自重）、自然に呼吸しながら連続して行うトレーニングです。おもに大臀筋や中臀筋などの臀筋群、大腿四頭筋、内転筋群、脊柱起立筋、ハムストリングス（↓P.21）などの大きな筋肉をはじめ、下半身全体を強化して下垂したおしりやたるんだ太もものシェイプアップに役立ちます。

また、股関節がしっかり曲げられるので、骨盤内部にある腸腰筋などのインナーマッスル（深層筋）を鍛え、体幹を強化するとともにおなかの脂肪をへらしてウエストのくびれを実現します。まさに、**くびれと美尻を同時に実現することができる効率のよいトレーニングといえるのです。**

スクワットは体に負担をかけず、「しゃがむ」だけのシンプルな動きですから、年齢や性別に関係なく、だれでも簡単に毎日の生活に取り入れることができるのもメリット。これを1分間、毎日続けてみてください。必ず体が変わってくるはずです。

さらに、**スクワットは生活習慣病予防や高齢者の転倒防止にも有効です。**糖尿病や高血圧症などの生活習慣病は60代で急増しますが、その最大の予防は筋肉量をふやすことです。

体のエネルギー消費量は筋肉がもっとも大きく、このころに筋力が衰えてしまうと、基礎代謝量が大幅に低下し、太りやすくやせにくい体質になり、さまざまな病気を引き起こします。したがって、40代、50代のうちから積極的に筋肉を鍛えておくことが大切です。

スクワットなどの無酸素運動は、短時間に強い力を必要とし、筋肉にためておいた糖質をエネルギーのおもな原料として使います。ですから、**筋肉がつけばつくほど基礎代謝量がアップし、エネルギー消費のしやすい体質へと作り替えることができるのです。**

2012年に亡くなられた女優の森光子さんが、スクワットを日課にされていた話は有名です。下半身の筋肉量はほうっておけば低下する一方ですが、いい換えれば、何歳になってからでも鍛えることができるということ。毎日1分のスクワットを習慣づけ、筋肉の貯金をふやせば、健康寿命をのばすことにもつながります。

confidence

スクワットでメンタルも強くなる！自信が湧いてくる！

仕事柄、フィジカル（肉体面）とメンタル（精神面）が密接につながっていることを痛感します。たとえば、マラソン選手のように長距離を走破する持久力が必要な競技が得意な人は、性格的にも我慢強い人が多いように感じています。

逆に、スプリンターなど瞬発力を要求される競技の選手は、決断力がある。重量挙げなどのパワー系の選手はパワフルで性格的にもどっしりしています。

メンタルを鍛えるのにおすすめなのが、「1分スクワット」です。たった1分かもしれませんが、「今日も自分に言い訳することなくルーティンを成し遂げた」という結果は、日を追うごとに大きな自信へと変わっていくはずです。

そしてまた、「昨日までの努力をムダにしたくない」という思いから、気持ちを奮い立たせ継続できるでしょう。

日々の弱い自分との葛藤を重ねることこそが、メンタルを整えたり、強化したりすることへとつながっていくのです。

生きていればいつも良好なコンディションばかりではいられません。体調をくずしたり、気分が落ち込んだりすることもあるでしょう。そんなときも、何とか気持ちを立て直してルーティンをこなし、積み重ねていくことで、必ず心も体も変化していきます。

これは私の経験則ですが、きちんとした結果を出す人たちに共通するのは、バッドコンディションとグッドコンディションの波が少ないということ。調子の悪さを引きずらないのです。また、**体の回復力が早い人は、メンタルの回復力も早いといえます。**

たとえば、プロ野球の投手が5万人の大観衆の前でボコボコに打たれ、観客席からヤジが飛んだとします。しかし、彼らは逃げずに次の試合でまた投げなければなりません。落ち込んでもすぐに立ち直らなければ仕事にならないのです。

一般のビジネスマンであっても、大きな商談などで失敗しても、仕事は続きますから、いつまでも落ち込んではいられません。トラブルや失敗があっても、大きくくずれず、すぐに立ち直れる体力と精神力を作るには、「1分スクワット」のような小さな積み重ねが大切なのです。フィジカルとメンタルをバランスよく整えていきましょう。

66days

66日間過ぎるとルーティンの魔法にかかりはじめる！

当ジムでは、66日間で理想の体型を作り上げるという【66DAYSプログラム】があります。66日間でトレーニングメニューはもちろん、肥満遺伝子検査、体組成計測をはじめ食事プラン、リタイアやリバウンドを防ぐモチベーション管理、東洋医学などを取り入れ、あらゆるアプローチでサポートし、目標達成へと確実に導くフルパッケージの内容です。

66日間といえば、約2カ月。**筋トレやそのほかの習慣でも、何事もダイナミックに変えようとするなら、2カ月は継続する必要があるからです。**

トレーニングや食事の管理をはじめると、個人差はありますが、まず、2~3週間くらいで徐々に感覚や体の動きがスムーズになる自覚的な変化が起こり、その後外見の変化が起こります。筋トレの効果が現れはじめるのも、一般的に2カ月が目安とされています。

このように、**新しい行動を習慣として身につけるのに必要な時間は、66日間と考えてい**

ます。66日間が過ぎれば、あとはオートラン。歯を磨くように自然に習慣化できれば、しめたものです。

続けるには、ある程度の目標を設定することが有効です。習慣を作り上げるのに必要なプロセスは、【目標設定】→【イメージ】→【実践】→【達成】のサイクルをくり返すこと。結婚式を控えた女性は、必ず結婚式までにダイエットに成功しますし、試合を控えたプロボクサーも、減量に失敗すれば試合に出場できませんから、失敗することはありません。**できるだけ強く明確なイメージを描きながら、具体的に目標を設定していきましょう。**

今度こそ、自分だけの目標に向かって美しくやせ、もう二度と太らないための習慣を作ってみませんか。「1分スクワット」の習慣をはじめて2カ月を過ぎたころには、意識して作り出していたはずなのに、毎日歯磨きをしたり入浴したりするのと同じくらい当たり前になっていることでしょう。

ここまで来たら、一生太らない体を手に入れることも不可能ではありません。まずは66日間続けて、自分の心身の変化を楽しんでください。

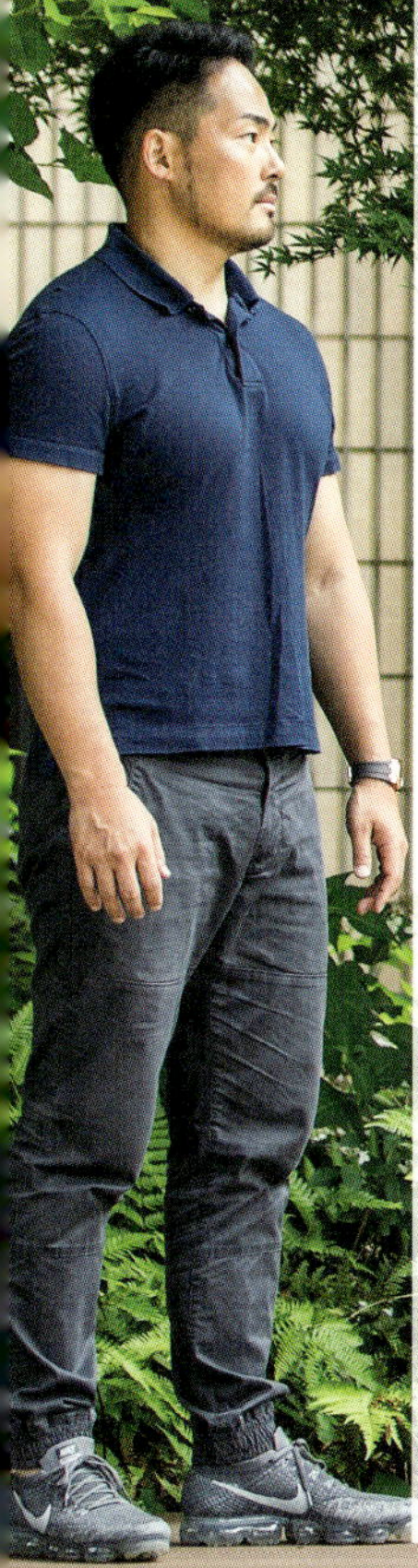

CONTENTS

食事編

Phase 2 この食べ方で一生太らない

戦略編

Phase 3 成功する人のメンタルトレーニング

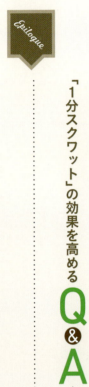

実践編

Phase 1

人生を変える！1分スクワット

SUPER SQUAT

だれでも簡単に実践できるNO.1エクササイズ

「続けやすくてすぐに効果が出るトレーニングをひとつだけ教えてください」。そう問われたら、私は迷わず「スクワット」と答えます。運動はスクワットだけで十分。これだけを一生続ければ、美容と健康は必ずついてきます。すべての人に一生続けていただきたいと思っているほど、ほれ込んでいるトレーニングです。場所を選ばず、いつでも思い立ったらすぐに実行できますし、男女も年齢の制限もありません。必要なのは「やる気」のみ。これを毎日1分、ルーティンにしていただきたいのです。

スクワットは、「しゃがむ」という動作を行うために多くの筋肉を連係させて使いますから、関与するさまざまな筋肉を効率よく鍛えることができます。

スクワットを習慣づけることでヒップアップや美脚、くびれをもたらし、背中も美しく引き締めます。猫背も解消し、若々しい体型が手に入るでしょう。

くびれと美尻・美脚をカバー！
全身がスッキリ引き締まる

SUPER SQUAT

衰えやすい下半身を一気にシェイプ！やせて若返る

脚の筋肉は人体の筋肉の中で最大です。このもっとも影響力のあるパーツをスクワットで集中して鍛えましょう。

スクワットは股関節を意識して行うことで、おしりや太もも、ふくらはぎを一度に動かし、体の中心部に近い腸腰筋を使うことから、コア部分が鍛えられ、体幹も強化します。**年齢とともに衰えやすい下半身のパーツにバランスよく負荷がかかり、一気に引き締めることができるのです。**

直立した状態からしゃがみ、立ち上がる一連の動きで、臀筋群やハムストリングス、内転筋群、大腿四頭筋が効率よく鍛えられます。さらに、背すじを伸ばして行うことで体幹部が安定し、腹直筋などの腹筋群や脊柱起立筋、広背筋も強化。また、足の土台を支える筋肉として、下腿三頭筋、前脛骨筋がサブで刺激されます。このように、連係した動きで関連する多くの筋肉を鍛えるとともに、股関節やひざ関節などの機能も高めます。

スクワットで鍛えられる筋肉

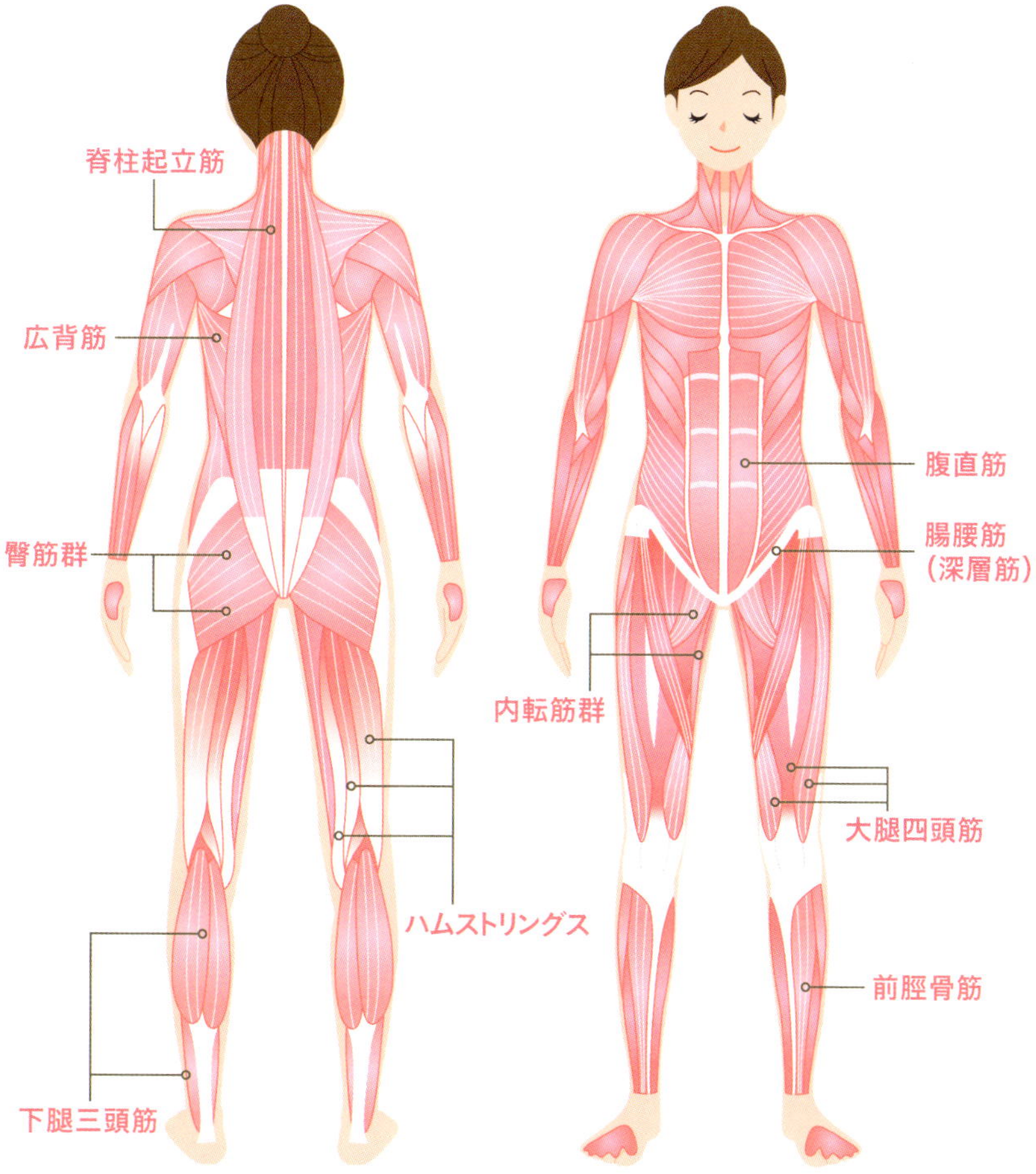

SUPER SQUAT

下半身を強化するだけじゃない！全身も効率よく鍛える

スクワットの運動効果は下半身だけにとどまりません。腸腰筋などのインナーマッスル（深層筋）を鍛えますから、おなかが凹み、くびれにも効果的。背すじを伸ばして行うため、ほどよい筋肉がつき、姿勢も安定してくるでしょう。

さらにうれしいのは、上半身を含めた全身へのシェイプアップ効果があることです。というのは、脂肪消費にあたり、パーツごとの優位性はとくになく、たとえば、腹筋運動をしてもおなかの脂肪が優先的に使われるわけではないからです。ですから、**下半身の運動をしただけでも上半身を含めた全身へのシェイプアップ効果が期待できるのです。**

筋肉量がふえると自然に基礎代謝量がふえ、生活活動だけで消費エネルギーをふやせるため、食べても太りにくい体質へと変わってきます。

疲れにくくなり、つまずいたり、階段で息切れしたりといったこともなくなります。

上半身も効率よく鍛えてやせ体質に

SUPER SQUAT

スクワットはココがすごい！ 4

骨を強化して便秘も解消！健康効果もバッチリ

《血糖値コントロール》

スクワットは血糖値コントロールにもおすすめです。

食事をして血糖値が上がると、すい臓からインスリンというホルモンが出て血糖値を下げます。暴飲暴食などで血糖値が急上昇すると、インスリンが大量に分泌されてしまいます。インスリンは、脂肪が消費されるのを抑えて肝臓などにためこもうとする働きがあるため、**太らないためにはインスリンの分泌を抑えることが大切なのです。**

ここでカギとなるのが、筋肉中にあるGLUT4というたんぱく質です。**スクワットをすると、GLUT4が活性化され、血中のブドウ糖（血糖）を筋肉内に取り込み、代謝を促します。**これにより、インスリンの分泌に頼らなくても、血糖値を低下させることができるのです。さらに、スクワットによって筋肉量がふえると、GLUT4も増加するため、糖代謝のよい体質へと改善されてきます。糖尿病予防にも役立ちます。

《転倒防止》

40代後半を過ぎたら、ロコモティブシンドローム（骨や筋肉などが衰えて動作が困難になる状態）や骨粗鬆症（骨密度がへって骨がもろくなる病気）予防のためにも、筋力をつけて姿勢を安定させ、骨を強くすることを心がけましょう。

脚の筋肉量は20代以降を境に毎年1％ずつへっていくといわれています。高齢になると歩くのがおぼつかなくなるのは、こうして筋肉量が落ち続けて体を支えられなくなり、不安定になってしまうからです。何も運動をしなければ、40歳ならすでに約15％もの筋肉量が失われている計算になります。人間の骨は、刺激を受けると強くなるしくみがありますから、スクワットで骨に負荷をかけることで丈夫な骨作りをすることができます。

《便秘解消》

便秘解消にもスクワットが役立ちます。通常、胃の中に食べ物が入ると、その信号を受けて大腸が蠕動運動を起こし、スムーズな排便を促します（胃・大腸反射）。便秘に悩む人は、起床時にコップ1杯の水を飲んで胃・大腸反射を刺激し、スクワットを行い、腹圧を高めるといいでしょう。

SUPER SQUAT

「1日1分」で一生太らない！若々しい体が手に入る

「1分スクワット」を毎日の習慣にして筋肉を強化すれば、一生太らない若々しい体をキープすることができます。

スクワットでメインで鍛えられる臀筋群や大腿四頭筋、サブで鍛えられる腹筋群や脊柱起立筋、広背筋、下腿三頭筋など（↓P.21）は、抗重力筋といわれ、重力に対して立位姿勢を保つために働きます。これらを鍛えて適度にハリを持たせることを習慣づければ、**加齢にともなうおしりの下垂やおなかのたるみ、太もものたるみなどの悩みを一掃してくれる効果が期待できるのです。**

最初は30秒×2回など、インターバルを設けてもけっこうです。慣れてきたらノンストップで1分間続けてみてください。次第にスクワットのスピードをアップしたり、時間を1分から3分へとふやしたりすることで、さらに効果もアップしてきます。

続ければ、いいことたくさん！ 1分スクワットの好循環

また、基本のスクワットのアレンジとして、脚を前後に大きく開く「スプリットスクワット」を紹介しています（↓P.38）。バランスを保ったり、体幹部を強化したりするのに役立ちますから、基本のスクワットに変化をつけたいときなどに取り入れるといいでしょう。

なお、週に1度はオフの日を設け、「1分スクワット」は休み、ストレッチ2種と代用してもOKです（↓P.40）。

全身が美しく整い、健康効果をもたらすスクワットを、毎日の習慣にしてください。

1分スクワットを続ける
下半身の筋肉が強化
くびれ・美尻・美脚が実現
代謝アップ
健康効果アップ
全身の若返り
健康美容効果が一生続く！

1分スクワットをはじめる前に

絶対リバウンドしない！基本のルール

ルール1
1日1分、集中して行う
姿見などの前に立ち、集中して1分間行いましょう。何かをやりながら行うのではなく、効いている筋肉に意識を向けながら集中するのがコツ。

ルール2
時間でもカウント数でも
1分間、時間を計りながら行うのが基本ですが、30～40回などを目安にカウントしながら行ってもOK。

ルール3
1日1分、必ず続ける
体調不良でない限り、基本的に毎日行いましょう。週に1度はスクワットの代わりにストレッチ（→P.40～47）で代用し、オフの日を設けてもOK。ストレッチは2種類をチョイス。

ルール4
自然に呼吸しながら行う

ルール5
【Phase2】の食事のルールと並行して行う

ルール6
66日間毎日続け、それ以降は自由にアレンジしながら継続する

なお、スクワットをはじめる前に、
自分の下半身の筋力を簡単なテストで
チェックしてみましょう。

イスから片脚だけで立ち上がれますか？

下半身力チェック！

1

イスに浅く腰かけ、片脚を浮かせる

イスに浅く腰掛けた状態から、片脚をまっすぐに伸ばす。もう片方の足の裏をしっかりと地面につけておく。

2

そのまま立ち上がる

勢いをつけず、片脚だけで立ち上がる。反対側も同様に行う。

判定

適度な筋肉がバランスよくついていれば、片脚でもさほどふらつかずに立ち上がれるはずです。もし両脚ともにスムーズに立てなければ、下半身が筋肉不足に陥っているかもしれません。

BASIC SQUAT
ベーシックスクワット

やってみよう！基本のスクワット

正しいフォームで、ていねいに集中して行うのがコツ。できれば姿見など全身が映る鏡の前に立ち、呼吸は止めず、効いている筋肉を意識しながら行いましょう。

腕は
胸の前で
軽く組む
両足の幅は
肩幅程度
つま先は
やや外向きに

1

腕を組み、足を開いて立つ

胸の前で腕を組み、足を肩幅程度に開く。腕や足の幅がズレないように注意。

2

おしりを突き出しながら腰を落とす

重心をかかとにあずけながら、ひざを曲げていく。ももの裏と床は平行を保つ。

3

元に戻す

体勢をくずさないよう、姿勢を 1 に戻す。ペースを保ち、1 〜 3 を 1 分間くり返す。

Check! ココが POINT

1分スクワットを正しく効果的に行うコツ

スクワット中、いかに姿勢をくずさず、一定のペースで行えるかが効果を最大限に得るコツ。おしりを突き出すように、かかと重心にするのがポイント。

肩の力を抜いてリラックス
背すじを伸ばす
おなかに少し力を入れて安定させる

コツ

上半身はリラックス 下半身は安定させる

肩の力を抜き、背すじを伸ばす。腕は肩の位置でキープ。

ひざが
つま先より前に
出ないように
おしりがひざと
同じ高さに
なるように
かかとに重心

コツ

胸を張り、かかとに重心を置きながら上体を落とす

後ろ重心、下半身の筋肉を意識して。上半身は体幹を使い姿勢をキープ。

Check! これは NG

これでは効果ナシ！ 体にも負担がかかります

NG ひざがつま先より前に出る

ひざの屈伸だけの動作になるため、大臀筋への効果が得られない。

NG おしりがひざより高い位置にある

前傾姿勢になり、正しく負荷がかからない。

NG POSE

NG 背中が曲がる

キツイからといって下を向くと猫背になって体幹への効果が得られない。

NG かかとが上がる

回数を気にすると、重心が前にいきがち。後ろ重心を意識して。

NON STOP
1分 スクワット

1min!

ノンストップでペースを守って集中！メリハリボディが実現

スクワットだけに意識を向け、リズミカルにノンストップで行いましょう。慣れてきたらペースアップしてもOK。

START

集中して

視線はまっすぐ、背すじを伸ばして

CHALLENGE SQUAT

動画でもっとよくわかる！

CONTINUE

呼吸は止めない

自然な呼吸を
心がけながら

コンディションをチェック

体調はどうか、
呼吸は一定か
確認しながら

正しいフォームを意識して

正しいフォームで
ていねいに。
効いている筋肉を
実感しながら

カウントするなら
30~40回
を目安に

ARRANGE SQUAT

アレンジスクワット

基本のスクワットをアレンジしたスクワット。片脚を交互に前に出し、股関節を刺激してさらに強度がアップ。

もっとやりたい日に！前ももや体幹を鍛える「スプリットスクワット」

肩の力を抜いてリラックス
おなかに少し力を入れて安定させる

1

両手を腰に当て、脚を前後に大きく開く

右脚を前に、左脚を後ろに、大きく開く。

1 min!

肩甲骨を
寄せるように
しながら
ひざが床に
つきそうになるまで
深く落とす

2

背すじを伸ばしたまま、両ひざを曲げて腰を落とす

上半身の姿勢をキープしながら、ひざが床すれすれになるまで垂直に体をグッと落とす。

重心がしっかり
下がるように
腰を落とす

3

元に戻り、脚を替えて同様に行う

1 に戻して左右脚を替えて同様に行う。1 ～ 3 を1分間くり返す。

ARRANGE STRETCH
アレンジストレッチ
-1-

オフの日におすすめ！コリと疲れがスッキリ「猫のポーズ」

首から背中、のど、胸、おなかのこわばりを解消するストレッチ。背骨まわりの筋肉をゆるめ、胸を開き、呼吸が深まります。

1

四つんばいになる

肩の下に手首、腰の下にひざがくるようにし、四つんばいになる。背中は床と平行をキープ。

首はリラックス

2

思い切り背中を上に引き上げる

両ひざの間をのぞきこみながら、背中を丸め、5回深呼吸する。

視線は
なめ上方向
背中を
しならせるように

3

背中をそらせる

背中をそらせる。視線は上に向け、5回深呼吸する。

1～3を
2~3回

ARRANGE STRETCH
アレンジストレッチ
-2-

ひざ裏のこわばりや股関節まわりの筋肉をほぐし、脚の疲れを解消してくれるストレッチ。全身の柔軟性を取り戻しましょう。

オフの日におすすめ！こわばった筋肉をじんわりほぐす「片脚前屈」

肩はリラックス
つま先を上向きに
左のかかとを右ももの付け根に

1

右脚を伸ばして床に座り左ひざを曲げる

右脚を伸ばして床に座り、左足は右脚の付け根に当て、右足のつま先は真上に向ける。

2

前屈する

おへそを正面に向けてから、両手で軽く足をつかみ、前屈する。5回深呼吸する。

おしりが
浮かないように
ひざ裏が
伸びるのを
感じながら

3

左右脚を替えて同様に行う

左右の脚を替えて同様に行い、1～3をくり返す。

1～3を
2～3回

ARRANGE STRETCH
アレンジストレッチ
-3-

脚を前後に大きく開くストレッチです。ハムストリングスや大臀筋にアプローチすることで、ヒップアップ効果も。

オフの日におすすめ！骨盤まわりをリリース「前後開脚」

ひざが
浮かないように
腰はまっすぐ
左の前ももを
伸ばすように

1
右ひざを曲げて外側に倒して床に座り、両手を体の前につけ、左脚を後ろに伸ばす

両手で体を支えて、上半身をまっすぐ起こす。右のかかとは左脚の太ももの付け根に当てる。

2

上体を倒す

腰から上半身全体を前に倒す。
5回深呼吸する。

3

左右脚を替えて同様に行う

1 に戻り、左右の脚を替えて同様に行う。1 ～ 3 をくり返す。

1～3を
2～3回

ARRANGE STRETCH
アレンジストレッチ
-4-

オフの日におすすめ！呼吸が深まる「バレエストレッチ」

ふだんは刺激しにくい体側を伸ばすストレッチ。おなかを引き締めるよう意識して行うことで、くびれ効果も。全身のバランスもよくなります。

右ひざと左足は一直線上にそろえる

1

片ひざをつき体側を伸ばす

ひざ立ちから左脚を体側方向にまっすぐ伸ばし、足裏を床にぴったりつける。右手を伸ばしながら左脚のほうに上体を傾ける。

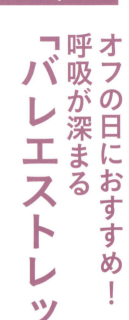

横腹を伸ばすように
視線はななめ下
ももの内側から裏が伸びるのを感じながら

2 上体を左側へ曲げる

左脚の太ももの内側と右側の体側が伸びるのを意識しながら、さらに上体を左に曲げ、5回深呼吸する。背すじはまっすぐ伸ばしておく。

3 左右脚を替えて同様に行う

腰から順番にゆっくりと1に戻る。左右の脚を替えて同様に行う。

1～3を 2～3回

1日1分で劇的変身！スクワットプログラムの内容

毎日1分間、基本のスクワットをするだけ！　スプリットスクワットに変更したり、週に1回オフの日を設けてストレッチをするなど、自由にアレンジして。

1日目

オフの日

ストレッチから
2種類チョイス

毎日

基本のスクワット／
スプリットスクワット

66日目

ルーティンの魔法で体が変わる！

食事編

Phase 2

この食べ方で一生太らない

food

毎日のスクワットで太らないモードに自動設定

「1分スクワット」をはじめると、太りにくくやせやすいモードに自動設定することができます。スクワットをしていると、日々の体調の変化がわかりますし、以前とは違う負荷のかかり具合も実感することができます。さらに、姿見などの前でスクワットすることで、「昨日は食べ過ぎたから体が重い」「ちょっと顔が引き締まってきたかな」など、1日1回は必ず自分の体をチェックする時間が持てるようになるでしょう。

スクワットをする時間帯はいつでもけっこうですが、**私がとくにおすすめしているのは、朝起きてすぐの、朝食をとる前です。**朝起きて、ほかのことをする前にトレーニングを組み込むことで、やせるための設定が完了した状態で、その日をスタートさせることができるからです。

さらに、朝イチでがんばった運動をムダにしたくない気持ちが働くため、昼食や夕食も必然的にカロリーオーバーにならないような食事を心がけるでしょう。

起床後は空腹状態のため、体内に蓄積された脂肪をエネルギー源として燃焼させやすくなっています。

運動後は30分以内に食事をとると、体に必要な栄養成分が吸収されやすいといわれていますから、運動後、30分以内に水分をたっぷり補給するとともに、消化のよい食事を心がけましょう。

また、**運動後に食事をすると、そこで得られた栄養成分が脂肪になりにくいということもわかっています。**運動による疲れを取るため、栄養成分が優先的に筋肉へと届くため、脂肪がつきにくくなるというわけです。

「好きなものを食べながらやせたい」「がまんしたくない」「間食がやめられない」……。そんな人はいままでの食べ方を見直してみましょう。ついつい無意識のうちに食べ過ぎてしまっていないか、会食が多く、外食しがちでカロリーオーバーになっていないか、スクワットをすることで振り返ってみるきっかけにしてください。

なお、朝食前が最適ですが、ライフスタイルにスムーズに取り入れ、続けることが第一ですから、都合のよい時間帯に実践してもかまいません。

Rule

なりたい体を手に入れる　太らない食事のコツ 1

代謝を決める【ハイプロテイン食】

太りにくくやせやすい体を作るには、たんぱく質を積極的にとることが大切です。たんぱく質は代謝に深く関わり、筋肉をはじめ皮膚や髪の毛、爪や血管など、多くの組織を形成するのに欠かせない栄養素です。当ジムでは、**1日に必要なたんぱく質の量を体重（kg）を1.5倍にしたgの量を目安とする「ハイプロテイン食」をおすすめしています。**

おもに卵や肉、魚などの動物性たんぱく質をとるよう心がけ、三食バランスよく摂取するのが理想的です。脂肪分の少ない鶏むね肉やささ身、牛もも肉などがとくにおすすめです。具体的なレシピを8品紹介していますので参考にしてみてください（→P. 64）。特定のたんぱく質に偏るのではなく、肉や魚、卵などをバランスよくとるようにしましょう。

なお、豆腐などに含まれる植物性たんぱく質は、たんぱく質含有量も低く、消化吸収率も低いため、動物性たんぱく質のほうが効率よく摂取できておすすめです。

1日に必要なたんぱく質量の計算式

体重［　　　kg］×1.5＝たんぱく質必要量［　　　g／日］

たんぱく質15gを含む、各食材の分量

魚介類

マグロ赤身…55g
（刺身3.5切れ）
ウナギ蒲焼き…65g（大1/3尾）
鮭・タイ・サバ・アジ…70g
（切り身1切れ／アジは中1尾）
サンマ…80g（1.5尾）
イクラ…45g（寿司4.5貫）
車エビ…70g（3.5尾）
イカ…85g（寿司12貫）

肉類

鶏ささ身…65g
鶏むね肉（皮なし）…65g
鶏もも肉（皮なし）…80g
豚ヒレ…80g
豚ロース…80g
牛ヒレ／もも（和牛）…70g
牛サーロイン（和牛）…130g

乳製品

牛乳…454g（コップ2杯強）
低脂肪乳…395g（コップ2杯）
ヨーグルト…415g
（小カップ4個）
プロセスチーズ…65g
カマンベールチーズ…80g
カッテージチーズ…115g

卵・豆類

鶏卵…125g（2.5個）
納豆…90g（2パック）
枝豆…130g（80さや）
豆乳…415g（コップ2杯）

Rule

なりたい体を手に入れる　太らない食事のコツ 2

食べる順で血糖コントロール【タイミング食事法】

食事のとき、血糖を急激に上げないような食べ方をするのが太らないコツです。

食事をして血糖値が上がると、すい臓からインスリンが分泌されて血糖値を下げます。満腹になるまで食べたりすると血糖値が急上昇し、インスリンが大量に分泌されます。インスリンには脂肪がエネルギー源として利用されるのを抑制し、肝臓などに蓄積されるよう促す働きがありますから、**太らないためには、インスリン分泌を抑える食事＝血糖値を上昇させにくい食事がよいのです。**

血糖値の上昇をゆるやかにする食品として、食物繊維豊富な野菜や海藻、きのこ類などがあります。そこで、**サラダなどから食べはじめ、汁物、肉や魚料理の順で食べ進め、血糖値を上げやすいごはんなどの炭水化物は最後に食べるようにするのです。**そのほか、左ページのダイエットの鉄則を心がけ、スリムな体型をキープしましょう。

この食べ方でもう太らない！ ダイエットの鉄則

栄養バランスがとれる【グーパー食事法】

外食やファストフードが多く、栄養が偏りがちな人には、【グーパー食事法】がおすすめです。自分の手でグーとパーを作り、そのサイズを目安に1日の必要量がわかりますから、簡単に栄養バランスのよい食事がとれます。1日分の目安は左の表のとおりです。

たんぱく質や野菜など、積極的にたっぷりとりたい食材は、手をパーにして、手のひらにのるくらいの量を目安にします。一方、ごはんやパン、麺類やいも類など控えたい食材は、手をグーにした量を目安にするのです。海藻やきのこ、乳製品、卵などは、積極的にとりたい食材ですが、食材自体のサイズからグーの分類に入れています。

なお、パンを食べるときは、「グルテンフリー」と表示されたものを選ぶようにするといいでしょう。グルテンとは、小麦や大麦、ライ麦などの穀物の胚乳から生成されるたんぱく質で、食欲を増進させ、血糖値の急上昇を招きますから、控えるようにしましょう。

簡単に栄養バランスがとれる グーパー食事法

主食・卵・豆類・海藻・
いも類・乳製品などは
グーの量を目安に

肉類・魚介類・野菜は
パーの量を目安に

1日あたりのとり方の目安

ごはん・パン・麺	
野菜	
肉類	
魚介類	
海藻・きのこ	
いも類	
卵	
果物	
豆・豆製品	
乳製品	

Rule

なりたい体を手に入れる　太らない食事のコツ 4

意外と食べている!?【摂取エネルギーを知る】

食べ過ぎや飲み過ぎが原因でカロリーをとり過ぎている場合には、摂取するエネルギー量を調整することで減量できます。**間食や甘い飲料を飲む習慣がある人は、知らないうちに摂取エネルギーをオーバーしている可能性があります。**自分の基礎代謝量や活動量のレベルを知り、1日の消費エネルギーを確認しておきましょう。

次ページの計算式を参考に、エネルギー消費量を算出して、とり過ぎたエネルギーをカットするようにするといいでしょう。この計算式で導き出されたエネルギー消費量が、あなたが1日で使い切れるエネルギー量です。この数値よりも食事からとるエネルギーが多ければ、消費し切ることができずに脂肪となって身についてしまうのです。

「1分スクワット」を基本に、毎日の食事をエネルギー消費量内で収めるよう習慣づけるうち、自然に適正体重になってくるはずです。

意外と食べていませんか？ 摂取エネルギーチェック！

簡単計算式であなたの1日のエネルギー消費量がわかる！

Step 1 基礎代謝量をチェック！

下の表から基礎代謝基準値を確認し、式に当てはめてみましょう。やせやすいか太りやすいか、あなたの基礎代謝量がわかります。

（例：40 代・体重 50kg・デスクワークの女性の場合）

基礎代謝基準値 × 体重 → 1日の基礎代謝量
21.7 × 50 kg → 1085 kcal

女性

年齢	基礎代謝基準値（kcal／kg／日）	基準体重（kg）	基礎代謝量（kcal／日）
18〜29	23.6	50	1180
30〜49	21.7	52.7	1140
50〜69	20.7	53.2	1100
70以上	20.7	49.7	1030

男性

年齢	基礎代謝基準値（kcal／kg／日）	基準体重（kg）	基礎代謝量（kcal／日）
18〜29	24.0	63.5	1520
30〜49	22.3	68.0	1520
50〜69	21.5	64.0	1380
70以上	21.5	57.2	1230

Step 2 活動量のレベルをチェック！

デスクワークかどうか、運動習慣があるかどうかで
活動量のレベルがわかります。

身体活動レベル	日常の生活内容
1.5（低い）	デスクワークなど日常のほとんどを座って過ごしている
1.75（ふつう）	ウォーキングや自転車を使うなど、日常的に軽く体を動かしている。またはヨガなど軽めの運動習慣がある
2.00（高い）	立ち仕事や営業職などで移動が多い。ランニングや筋トレなど強度が高めの運動をしている

Step 3 摂取エネルギーの基準がわかる！

下の計算式から算出された数値が、あなたの1日のエネルギー消費量。これ以上摂取すると、太りやすくなります。

基礎代謝量 × 身体活動レベル → エネルギー消費量
1085 kcal × 1.5 → 1628 kcal

1日1600kcal程度に抑えればダイエット成功！

Rule なりたい体を手に入れる 太らない食事のコツ 5

カロリーオーバーを防ぐ【会食テクニック】

仕事やプライベートで会食が多い人でも、メニュー選びでスムーズにダイエットすることができます。夜の飲み会なら、ヘルシーメニューが揃った居酒屋がおすすめ。フライドポテトや唐揚げは避け、野菜やたんぱく質の多い食材の小鉢を各種チョイスすれば、栄養バランスも整えやすく、食べ過ぎも防げます。焼き肉やお寿司などの会食のときは、選ぶメニューで摂取エネルギーが格段に違ってきますから、注意が必要です。

焼き肉なら脂身の少ない部位を選び、お寿司なら赤身より白身を、中華なら焼き餃子よりも水餃子を、チャーハンよりもレバニラ炒めがおすすめです。

お酒を飲むなら、ハイボールや焼酎などの蒸留酒をチョイス。適度に水をとりながらゆっくり飲むことで悪酔いを防ぎます。食べ過ぎたら翌日の食事を控えめにするなど2～3日間かけて摂取エネルギーのコントロールをするといいでしょう。

食べるならどっち!? この外食チョイスでもう太らない！

	○ GOOD	× BAD
おつまみ	 枝豆、冷奴、焼き鳥、グリーンサラダ、焼き魚、刺身	 フライドポテト、揚げ出し豆腐、唐揚げ、ポテトサラダ、串揚げ
焼き肉	 ヒレ、赤身ロース、タン、ミノ、レバー、冷麺	 カルビ、ハラミ、豚トロ、ビビンパ
寿司	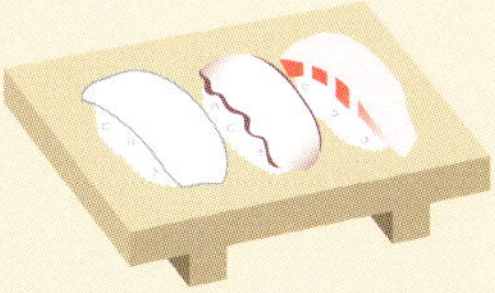 マグロ赤身、貝類、イカ・タコ・エビ、白身魚、カンパチ	 マグロトロ、ネギトロ、サーモン、ハマチ、イワシ、玉子
中華	 水餃子、レバニラ炒め、エビチリ、八宝菜	 焼き餃子、麻婆豆腐、酢豚、チャーハン、担々麺
ドリンク	 水、緑茶、コーヒー、紅茶（無糖）、焼酎、ハイボール	 炭酸飲料、ジュース、梅酒、日本酒、ビール、ワイン、カクテル

Rule

なりたい体を手に入れる　太らない食事のコツ 6

腸内環境をベストに整える【発酵食品】

ファストフードなどの添加物の多い食事や、無理なダイエットを続けていると、腸内環境が乱れ、さまざまなトラブルを引き起こします。最近、この腸内環境が体調や心身のバランスに大きく影響しているのではないかと注目されています。

私たちの腸内には、数百兆個もの細菌が棲んでおり、善玉菌、悪玉菌、日和見菌が理想的なバランスであれば、腸内環境が整っていると考えられています。日和見菌とは、善玉菌が強いときには善玉菌側に、悪玉菌が強いときには悪玉菌側に味方する菌です。ふだんから食事を意識し、善玉菌を優勢にしておくことが大切です。そこで、**体に有益な働きをする微生物（プロバイオティクス）をとることで、腸内環境を整えましょう。**

ヨーグルトや味噌、米酢、ぬか漬け、キムチ、納豆などの発酵食品を活用し、腸内環境を整えれば、不要な老廃物をスムーズに排出できる体質へと変わります。

おもな発酵菌と発酵食品

発酵菌

納豆菌

特徴

酸に強く、胃酸に負けることなく腸に到達して悪玉菌の繁殖を防ぐ。納豆菌が作る酵素である「ナットウキナーゼ」は、血栓を防ぎ、血液サラサラ効果が期待できる。

発酵食品

納豆

発酵菌

酢酸菌

特徴

エタノールを酸化させることで、酢酸を生成。ビフィズス菌の増殖を促進する、大切な発酵菌。

発酵食品

酢、ビネガー類

発酵菌

乳酸菌

特徴

300種類以上の菌が存在しているといわれる。糖質を分解して、乳酸を生成。腐敗を防ぎ、悪玉菌の増殖を抑える。

発酵食品

チーズ、ヨーグルト、味噌、しょうゆ、キムチなど

発酵菌

麹菌

特徴

蒸した米などの穀物に増殖し、でんぷん、たんぱく質を分解する酵素を生産する。日本の発酵食品に多く使われている。

発酵食品

味噌、米酢など

発酵菌

酪酸菌

特徴

生きたまま腸に届き、有機酸を生成。ビフィズス菌や乳酸菌の増殖を促し、悪玉菌の発育は抑制して腸内環境を整える。

発酵食品

ぬか漬け

recipe

組み合わせ自在！筋肉が喜ぶメニューを毎日の食卓に【ハイプロテインレシピ8】

良質のたんぱく質を無理なく毎日の食卓に取り入れるヒントとして、おすすめレシピを8品用意しました。どれも身近な食材で簡単に作れるものばかりですから、自由に組み合わせ、ぜひ毎日の食卓に取り入れてみてください。**1日1品でもいいですから、手作りの料理で体のリセットを心がけ、体の内側からキレイになりましょう。**

次ページにおすすめの食事プランを紹介していますので、参考にしてください。三食それぞれでさまざまなたんぱく質を摂取できるよう、自由に組み合わせてみてください。

なお、甘味料として、ミネラル豊富なてん菜糖をおすすめしています。血糖値の急上昇を抑え、腸内環境を整えます。

レシピのきまり

- 大さじは15mℓ、小さじは5mℓ、1カップは200mℓです。
- 砂糖はてん菜糖を使用しています。
- 電子レンジの加熱時間は、600Wの場合の目安です。
- 栄養計算は1人分を表示しています。

おすすめ食事プラン

朝

menu

・ほうれんそうとマッシュルームのオムレツ（P.66）
・ホットのカフェラテ
・パン（グルテンフリーのもの）

昼

menu

・大根ツナサラダ（P.78）
・鶏むね肉のハーブチキン（P.68）
・無塩トマトジュース
・ごはん（軽く茶碗1杯）

夜

menu

・アボカドキムチ納豆（P.80）
・鶏ささ身と豆腐の根菜ハンバーグ（P.74）
・ごはん（軽く茶碗1杯）

食事指導・レシピ監修

岡《おか》 清華《さやか》

管理栄養士。デポルターレクラブで会員向けの栄養指導やダイエットメニュー作成に携るほか、ヨガインストラクターとしても活動。

High Protein Recipe

ハイプロテインレシピ 1

朝食におすすめ！
効率よくたんぱく質が摂取できる！

ほうれんそうとマッシュルームのオムレツ

1

卵

材料（2人分）

卵　3個（溶きほぐしておく）
ほうれんそう　40g
マッシュルーム　3個
パルメザンチーズ　大さじ2
塩・黒こしょう　各適量
オリーブオイル　大さじ2
パセリ（ドライ）　適宜

作り方

1 ほうれんそうは3cm長さに切り、マッシュルームは薄切りにする。
2 フライパンにオリーブオイル大さじ1を熱し、1を加え、しんなりするまで炒める。塩、黒こしょうで調味し、いったん取り出す。
3 同じフライパンに残りのオリーブオイルを熱し、卵を流し入れ、少しかき混ぜたらその上に2をのせ、卵が固まったらヘラで卵の端を中央へ半分に折りたたむ。パルメザンチーズをちらし、お好みでパセリなど振りかけて出来上がり。

Recipe 1

エネルギー	たんぱく質
194kcal	14.6g
脂質	炭水化物
13.7g	1.3g

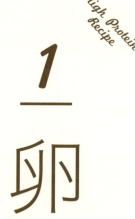

たんぱく質を構成する必須アミノ酸をバランスよく含んだ卵は、筋肉づくりに不可欠な優秀食材。抗酸化物質と食物繊維豊富なほうれんそうを加えれば、スムーズに栄養成分を摂取できます。マッシュルームの歯ごたえで満腹感も◎。

High Protein Recipe

2

鶏むね肉

ハイプロテインレシピ 2

カリッと香ばしく、
ハーブが効いたヘルシーミート

鶏むね肉のハーブチキン

材料（２人分）

鶏むね肉　200g
レモン　1/2個
ローズマリー　３～４本
(ディル、タイムでも可)
塩・黒こしょう　各少々
オリーブオイル　大さじ2

作り方

1 鶏肉は好みの大きさに切り、ポリ袋に入れる。レモンは1/6の厚さに1枚スライスし、飾り用に残しておく。
2 残りのレモンを搾り、その搾り汁を1のポリ袋に加え、ローズマリー、オリーブオイル、塩・黒こしょうを加えてもみ込み、15分置く。
3 2を２人分に分け、それぞれアルミホイル（30㎝長さ）で包み、フライパンに並べる。1㎝深さほど水を入れ、フタをして中火で水がなくなるまで蒸し焼きにする。
4 器に盛り、レモンスライスをいちょう形に切って飾り、好みでオリーブオイル適量（分量外）、塩少々（分量外）をかける。

Recipe 2

エネルギー	たんぱく質
219kcal	22.3g
脂質	炭水化物
13.5g	0g

高たんぱくで低カロリー、ビタミンBの一種であるナイアシンも豊富な鶏むね肉ですが、皮には脂肪が多く含まれます。調理したあとで皮を取り除けばヘルシーに。

High Protein Recipe

ハイプロテイン
レシピ 3

疲労回復効果にすぐれ、ミネラルも豊富

豚ヒレ肉の雲白肉《ウンパイロー》

3 豚ヒレ肉

材料（2人分）

豚ヒレかたまり肉　200g
きゅうり　1本
長ねぎの白い部分　10cm
長ねぎの青い部分　適量

A
白こしょう　少々
（なければふつうのこしょう）
しょうが・にんにく　各1/2かけ
しょうゆ　大さじ3
酢　大さじ1/2
てん菜糖　大さじ1½
ごま油・ラー油　各小さじ1

作り方

1 豚肉の白い筋や脂肪分は除いておく。しょうがは皮をむき、にんにくとともにみじん切りにする。しょうがの皮はとっておく。長ねぎの白い部分を斜め薄切りにする。水にさらし、水気をきる。たこ糸などがあれば豚肉を強く縛っておく。きゅうりはスライサーなどを使って薄くスライスする。Aを混ぜ合わせてソースを作る。

2 鍋に豚肉が十分つかるくらいの湯を沸かし、豚肉、しょうがの皮、ねぎの青い部分を入れる。湯が沸騰した状態を保つ火加減で、約20分豚肉をゆでる。竹串を刺して抜き、血がにじみ出てこなければ湯から取り出す。

3 湯から出して豚肉の粗熱がとれたら、厚さ5㎜くらいに切る。

4 スライスしたきゅうりを花びらのように皿に並べ、その上に薄切りにした豚肉をのせ、ねぎをのせ、ソースをかける。

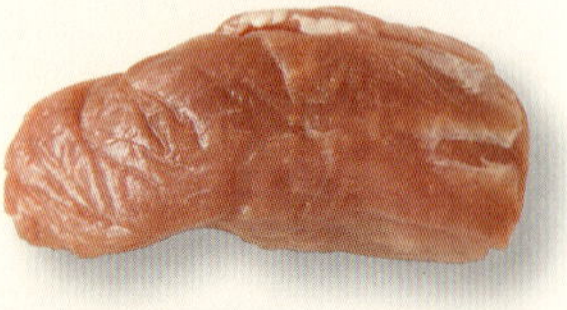

Recipe 3

エネルギー	たんぱく質
195kcal	24.0g
脂質	炭水化物
7.9g	5.4g

豚ヒレ肉に含まれるビタミンB_1はバラ肉の約２倍、牛乳の約25倍という豊富さ。吸収のよいヘム鉄も含まれ、貧血を防ぎ、タフな体づくりにも役立ちます。

High Protein Recipe

ハイプロテインレシピ 4

脂肪が少なくうまみがギッシリ！

ローストビーフサラダ

4 牛もも肉

材料（２人分）

牛肉ももかたまり肉　150g
塩・黒こしょう　各適量
にんにく
（粗みじん切り）１かけ分
オリーブオイル　適量

サニーレタス　80g
ブロッコリー　40g
黄パプリカ　40g
ミニトマト　40g
紫玉ねぎ（スライス）1/4個

A
玉ねぎ（すりおろす）　大さじ 1/2
てん菜糖　大さじ 1/2
酢　大さじ１
しょうゆ　大さじ１
オリーブオイル　大さじ１

はちみつ　大さじ１
パセリ（ドライ）　適量

作り方

1 牛肉は室温に戻しておく。Ａを混ぜて電子レンジで２分加熱し、はちみつを加えて混ぜ、ソースを作る。野菜は食べやすく切り、ブロッコリーはゆでておく。
2 牛肉はフォークで刺し穴をあけ、塩・黒こしょう、にんにくをまんべんなくすり込む。
3 オリーブオイルを引いたフライパンを強火で熱し、牛肉を入れて片面約１分半ずつ、上下をこんがり焼き、さらに四面を約30秒ずつ焼く。
4 すぐにアルミホイルで焼いた牛肉を包む。アルミホイルで包んだまま30分おき、余熱で落ち着かせる。
5 野菜と肉を器に盛り付け、ソースをかけ、パセリを振る。

Recipe 4

エネルギー	たんぱく質
293kcal	18.3g
脂質	**炭水化物**
16.4g	17.9g

牛もも肉は、脂肪が少なくたんぱく質が多いうえ、ビタミンB群や鉄分、亜鉛なども豊富に含まれています。肉のうまみがしっかり味わえるシンプルな味付けで。

ハイプロテインレシピ 5

ヘルシー食材と組み合わせて
食べごたえ満点の一品に

鶏ささ身と豆腐の根菜ハンバーグ

High Protein Recipe

5 鶏ささ身

材料（２人分）

鶏ささ身　200g
木綿豆腐　1/2丁
卵　１個
れんこん
（みじん切り）　40g
長ねぎ
（みじん切り）　30g
しょうが
（みじん切り）　10g
塩　小さじ1/4
しょうゆ　小さじ1/2
オリーブオイル　小さじ1
大葉　４枚
大根おろし　150g
ポン酢　適量

作り方

1. 木綿豆腐は水切りする。鶏肉は筋を取って包丁で叩く。れんこん、長ねぎ、しょうがは水気を取っておく。
2. ボウルに1をすべて入れ、よく混ぜる。
3. 2に、卵、塩、しょうゆを入れて混ぜ、全体がしっかり混ざって多少の粘りが出た状態になったら6等分し、円形に整える。
4. フライパンにオリーブオイルを熱し、3を並べ入れ、フタをし、弱火で５分焼き、焼き色がついたらひっくり返してさらに５分焼き、中まで火を通す。
5. 器に大葉を敷き、4を３個ずつ盛り、大根おろしをのせ、ポン酢をかける。

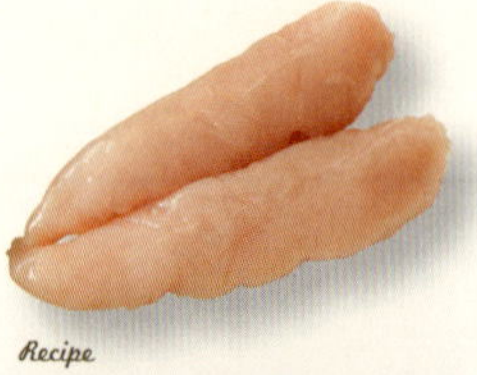

Recipe 5

エネルギー	たんぱく質
254kcal	32.4g
脂質	炭水化物
9.1g	8.6g

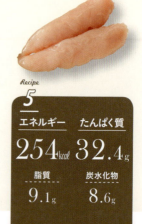

脂肪をほとんど含まないささ身は、たんぱく質の含有量が格段にすぐれ、低カロリー・高栄養の優秀食材。豆腐や根菜などのヘルシー食材を混ぜ合わせたハンバーグにすることで、しっとりおいしくいただけます。

ハイプロテイン
レシピ 6

High Protein Recipe

6 鮭

アンチエイジングに役立つ成分がぎっしり！
疲労回復にもおすすめ

鮭南蛮

材料（２人分）

生鮭　2切れ
玉ねぎ　1/2個
にんじん　4cm
塩・黒こしょう　各少々
片栗粉　大さじ3
オリーブオイル　大さじ2
A｜しょうゆ・みりん・酢　各大さじ3
｜酒　大さじ1
ねぎの白い部分（飾り用）　適量

作り方

1　Aをすべて混ぜ合わせ、漬けダレを作る。
2　生鮭は皮を除いて一口大に切り、両面に軽く塩・黒こしょうを振って片栗粉をまぶす。玉ねぎは薄切りに、にんじんは千切りにする。ねぎは斜め薄切りにし、水にさらし、水気をきる。
3　フライパンを熱し、玉ねぎとにんじんを油を引かず、しんなりするまで炒め、いったん取り出し、1のタレに漬けておく。
4　同じフライパンにオリーブオイルを熱し、2の鮭を火が通るまで両面こんがり焼く。
5　4を3に漬け、さっくり混ぜ、器に盛ってねぎを飾る。

Recipe 6

エネルギー	たんぱく質
372kcal	18.0g
脂質	炭水化物
25.0g	13.7g

良質なたんぱく質やビタミンをたっぷり含む鮭は、健康美容の優秀食材。ビタミンＢ群やビタミンE、ビタミンDの作用で血行を促し、疲労回復効果も期待できます。血管を強化する必須脂肪酸のＥＰＡやＤＨＡ、抗酸化力にすぐれた赤い色素成分・アスタキサンチンのパワーでサビない体が手に入ります。

ハイプロテイン
レシピ 7

High Protein Recipe

7 ツナ缶

コスパよし！　時短もラクラク
効率よく良質たんぱく質が摂取できる

大根ツナサラダ

材料（2人分）

大根　150g（約7cm）
紫玉ねぎ（なければ玉ねぎでもよい）
1/2個
ツナ水煮（缶）1個
大葉　2枚
刻みのり　適量
A しょうゆ　大さじ2
酢　大さじ2
てん菜糖　小さじ1/2
塩　小さじ1/2
オリーブオイル　大さじ1

作り方

1 大根と大葉は細い千切りに、紫玉ねぎは薄切りにして水にさらし、水気をきる。ツナ缶は水気をきっておく。
2 Aを混ぜ合わせてドレッシングを作り、1を和える。
3 器に盛り付け、のりをのせる。好みで柚子胡椒（分量外）少々をのせる。

Recipe 7

エネルギー	たんぱく質
134kcal	9.6g
脂質	炭水化物
7.3g	9.3g

ツナには脳の働きに作用して、記憶力の向上や認知機能の改善に効果があるといわれるDHA、血液をサラサラにして動脈硬化を予防し、中性脂肪をへらしてくれるEPAがたっぷり。紫玉ねぎと大根で酵素や食物繊維を補います。

High Protein Recipe

8

ハイプロテインレシピ 8

腸内環境にバッチリ！

アボカドキムチ納豆

この一品で、善玉菌をふやすといわれる発酵食品、善玉菌のエサになるオリゴ糖、水溶性食物繊維がカバーできます。ビタミン豊富で腸内環境を整える優秀メニューです。

材料（2人分）

アボカド　1/4個
キムチ　50g
納豆　1パック(40g)

作り方

1 食べやすく切ったアボカド、キムチと納豆を器に入れ、よく混ぜる。

Recipe 8

エネルギー	たんぱく質
86kcal	4.45g
脂質	炭水化物
5.45g	5.52g

戦略編

Phase 3

成功する人のメンタルトレーニング

Motivation

レッスン1 挫折しそうになったら【心がゆらいだときこそチャンス】

そもそも人間とは、ラクをしたい生き物であり、脳科学的にも証明されている事実です。楽しいことや快楽に弱く、イヤだと感じたことが続かないのは、あなただけではありません。

プロのトップアスリートたちも例外ではなく、決意がゆらぐ瞬間が見えることがありますし、彼らを指導する立場にある私でさえ、サボりたくなる日はたくさんあります。むしろ、実際に自分の日課をサボってしまったことさえありました。

トレーニングが仕事である私たちでさえそうなのですから、ときどき失敗してしまうことがあって当たり前なのです。ただし、選手たちが大きく成功できたのは、こうしたゆらぐ心をコントロールできたからにほかなりません。

「面倒だな」「1日くらいいいかな」という考えが頭をよぎったら、進化するチャンス。

いままでの自分だったら、それに流されてサボっていたかもしれませんが、「1分スクワ

ット」を実践してきたあなたは、「つらい」だけではないトレーニングの効果を実感しはじめているのではないでしょうか。24時間のうちのたった1分をやるか、やらないか。ただそれだけです。

スクワットを続けて結果が出るにつれて「やりたくない」と感じる頻度がへっていき、むしろ積極的に取り組みたいという気持ちが芽生えてきたら、それはもうルーティン化しはじめたサイン。ステージが変わる兆しなのです。

Motivation

レッスン2 どんなメリットがあるか【ときめき未来図】でなりたい姿をイメージ

何事もやりはじめるときと、はじめたばかりで慣れていないうちが、いちばんつらいものです。**プランを軌道に乗せるには、自分の背中を押してくれる力強い目標を設定するのがコツです。**

プロのアスリートや芸能人たちは、そのイメージ作りが明確です。ある投手は、試合当日、大観衆の前で相手バッターを奪三振に打ち取る姿をありありと脳内に映し出しながら、トレーニングに取り組みます。

たとえ現在、理想の自分に到達していなくても、しかるべき時期には必ず理想が現実になっているように仕向けていくのです。理想と現実とのギャップを、日々イメージすることで埋めていく作業です。

強いモチベーションを維持するために、より明確で、想像しただけでワクワクするよう

な、気分をアップさせてくれる【ときめき未来図】を描くことが有効です。

・○月×日までに体重を○kgへらし、○kgになる
・憧れのタレントの○○のような体型になる
・来週の日曜日、憧れのワンピースを着てデートに行く
・次の海外旅行までにおなかの脂肪を取って水着の似合う体になる
・2カ月後のプレゼンまでに細身のスーツを着こなせる体になる

より具体的で実現可能なイメージを思い描くのがポイントです。

Motivation

レッスン3 想像力を鍛えてなりたい自分に近づく【秘密のノート】

目標＝ときめき未来図（↓P.84）が決まったら、なりたい自分と現実の自分とのギャップへらし、目標に近づけていくため、ビジュアルイメージを脳に刷り込んでいきましょう。ノートを1冊用意し、理想に近づくための素材でそのノートを埋めていくのです。手帳に書き込んでもいいでしょう。

まず、**具体的な願いを書き出して「見える化」していきます。**体重や体脂肪率を書いてもいいですし、着てみたい洋服が載っている雑誌の切り抜きを貼ってみてもいいでしょう。イラストで理想の体型を表現してみるのもおもしろいかもしれません。

憧れの芸能人や有名人の写真の切り抜きも目標にしやすいでしょう。

書き方にルールはありません。だれにも見せる必要のない秘密のノートですから、あらゆる方法を使って理想の姿をふんだんに表現してください。

さらに、なぜ目標の体型や体重になりたいのか、理由づけを書き出してみることでモチベーションをキープすることができます。

このノートを常に携帯し、朝の通勤途中やランチ休憩、ティータイムなど、1日に何度も定期的に確認するようにします。こうすることで、どうしても叶えたい希望が脳にインプットされていき、「疲れているからスクワットをサボっちゃおうか」「友だちに誘われたケーキバイキングに行こうか」という悪魔のささやきをブロックするツールとなるのです。

Motivation

レッスン4

なぜ、66日間なのか【2カ月過ぎたらステージが変わる】

私は、筋トレや食事の習慣が身につき、外見的な変化が現れるのに必要な時間を、約2カ月、66日間と考えています（↓P.12）。

当ジムでも、筋トレや栄養指導などを行う際、まず2カ月をスパンに経過を観察します。もちろん、その間も細かくチェックしますが、そのトレーニングメニューがその人に合っているかどうかを判断するには2カ月程度を必要とするからです。それまでの経過や個人差にもよりますが、約2カ月続けてみれば、必ず何らかの変化が心身にもたらされることが多いのです。

いい換えれば、2カ月続けることができたなら、たとえときどき休んでしまっても、大きくリバウンドしたり、くずれたりすることはほとんどないということです。

ある習慣を66日間続けた結果、ある瞬間からまるで自動運転をしているかのように継続

が苦にならなくなる瞬間がやってきます。続けることが苦しいどころか、何らかの理由で中断してしまったときの違和感のほうが耐えられなくなってくるでしょう。

入浴や歯磨きのように、毎日しないと落ち着かなくなっていることに気づくはずです。「マスト」↓「習慣化」↓「オートラン」の流れに乗れば、しめたもの。

66日間続けさえすれば、多くの人が必ず体験できるはずです。次第にとくに意識しなくても生活の中に組み込まれ、無理なくキープできるようになってくるでしょう。

Motivation

レッスン5 トップアスリートの勝ち方【ネガティブ発言をしない】

厳しい勝負の世界や競争の激しい世界では、ネガティブ思考は命取りになります。トップアスリートやトップ女優、政治家、経営者らは、ネガティブな発言はもちろん、ネガティブな発想すら絶対にしないのです。「負けるかもしれない」「失敗するかもしれない」「ヒットしないかもしれない」「視聴率が取れないかもしれない」「選挙に落ちるかもしれない」……。**彼らは、うまくいかないことをイメージしたら、そのとおりになってしまう確率が高くなることを知っているからです。**

トップアスリートの試合後のインタビューを見ると、それは明らかです。イチロー選手や錦織圭選手は、負けや失敗についてインタビューなどで口にすることは決してありません。たとえ実際に負けてしまったときにも、「相手が強かったから負けた」「練習が足りなかった」など、自分のマイナスを認める発言すら一切しないのです。

そんなときには「気持ちを引きずらないように切り替えます」「課題を修正して次回は勝ちます」など、負けの言葉やその理由を口にせずにインタビューが成立するような返しをしているのです。負ける姿は想定外、勝利だけを心に決めて力強い自分の姿を日々イメージし、奮い立たせているのです。

そんな彼らと私たちに大差はありません。「太っているから」「どうせ失敗するに決まっている」「私なんて何をやってもダメだ」という言葉は排除してください。

Motivation

レッスン6

必ずゴールすると決める【脳への刷り込みが結果を導く】

66日間を通して必ずやっていただきたいことがあります。それは、「ゴールした姿を常にイメージすること」。スタートした日に設定した目標を、日々思い起こすのです。

「すでにダイエットが成功した」ことをイメージすると、脳は簡単に騙されてしまうクセがあります。実際の体重や姿ではなく、思い浮かべている理想像を現在の姿と勘違いして、その姿を再現しようと猛然と体の調整をはじめるのです。

トップ女優や有名俳優、グラビアアイドルは、必ず撮影当日までにきちんと体を絞ってきます。プロ意識の高さともいえますが、その秘密はゴールした姿を常に明確にイメージしているからではないでしょうか。

途中、体調不良など、やむにやまれぬ事情でスクワットにトライできない日があるかもしれません。このチャレンジが続かなかった罪悪感で、リタイアしてしまう人も多いので

す。せっかくはじめた習慣を途中で投げ出すのではなく、なんとか立て直していきましょう。

1日できなかった日があったとしても、これまで重ねてきた日数があなたを支えてくれます。また翌日からトレーニングを再開してください。なりたい姿を思い浮かべながら、何事もなかったかのようにまたゴールに向かう道のりを歩き出しましょう。66日目に向けて、どんどん変わっていくボディラインを眺めながら、小さな成功を集めていきましょう。

Motivation

レッスン7 自分に暗示をかける【願いや目標を何度でも口にする】

ネガティブな言葉を使わない（↓P.90）と同時に、実践していただきたいのは、**願いや目標への強い思いをゆるぎないものにするため、一人のとき、1日に何度でも「絶対に成功する」「必ず達成できる」とハッキリと言葉にする習慣をつけるようにすることです。**

言葉の持つ力は強大です。自分の決めた言葉を使って自分の声で宣言した目的は、必ず達成しなければいけないものとして脳に刻み込まれるのです。つまりその瞬間から、ゴールを達成するにはこれからをどう過ごせばいいのかと、脳が自然に考えはじめるのです。

リオオリンピックで日本のバドミントン史上初のシングルスで銅メダリストとなり、2017年の世界選手権で金メダリストとなった奥原希望選手は、コートに入る前の「感謝のつぶやき」で知られています。

これは、多くの人のサポートに感謝して試合を思い切り楽しもうと自分自身にいい聞か

せ、集中するルーティン。ゆっくり一礼することで落ち着く効果もあると話しています。小さな声でいいですから、毎日自分の思いや願い、自分にいい聞かせたいことを自分に語りかける時間を持ってみてください。

私は毎晩、夜寝る前に5分程度、自分の夢と向き合う時間を取っています。現状を確認し、日々決意を新たにすることにより、さまざまなアイデアが湧いてきますし、より具体的な対策が次々と浮かんできます。

Motivation

レッスン8

ルーティンの魔法にかかったら1【ゆるぎない自信が生まれる】

66日間のスクワットが習慣化し、体のラインが変わりはじめると、多くの人は必ず気づくはずです。

この66日間、自分を信じながら習慣化を続けてきたルールは、どんなことにも応用が可能であるということに。

ある習慣を66日間続けた結果、まるで魔法のように心身に変化が次々と起こること――。これを私は、「ルーティンの魔法」と呼んでいます。

資格試験や読書、勉強習慣、スポーツなど、さまざまなことに応用してみましょう。課題をこなすほか、「毎朝一番に出社する」「必ず自分から挨拶する」「話しかけられたら笑顔で対応する」など、人付き合いに活用してもいいでしょう。

ある程度の時間があるため、禁煙や禁酒、カフェイン断ちなどに応用することもできま

す。

66日間過ぎたら、そのルーティンが自分にとって当たり前になり、新しいよい習慣が身につきます。心の底からワクワクするようなよい習慣が身についたら、ゆるぎない自信が生まれてくるはず。自分が変われば取り巻く環境もガラリと変わり、きっと毎日がもっと楽しくなってくるでしょう。

ルーティンの魔法を身につけてしまえば、「いつかチャレンジしよう」と思っていたことすべてが実現しそうな気がしてきませんか。

Motivation

レッスン9

ルーティンの魔法にかかったら2【ほかのパーツも鍛えよう】

「1分スクワット」の次に、おなかや腕など、体への影響力の高い筋肉を集中的に鍛えましょう。どれも1分を目安に、強度と時間は自由にアレンジしてください。スクワットにどれか1種目を追加してもいいですし、3種目をトータルで行ってもいいでしょう。習慣化しやすい強度と時間を決めるのがコツです。

「クランチ」は、いわゆる腹筋運動。上半身の力みをゆるめながら行いましょう。

腹筋の上部を鍛える「トゥタッチ」は、胃のあたりを意識して行うとスムーズです。

胸や肩、腕など、日常生活ではなかなか鍛えにくい上半身の筋肉は、「プッシュアップ」で強化できます。ふだんからトレーニングしておきましょう。

スクワット、クランチ、プッシュアップは、気になるパーツに刺激を与えたいときに役立つ基本的なトレーニングですから、ぜひセットで行ってみてください。

PLUS1 EXERCISE
プラス1エクササイズ
1

腹直筋を鍛える【クランチ】

いわゆる腹筋運動です。腹直筋は体幹を支え、姿勢を保つ大きな筋肉。上体を起こすとき、腰が床から浮かないようにするのが腰を痛めないポイントです。肩や腕に力が入らないようにしながら上体を丸めます。反動で起き上がるのではなく、吐く息に合わせ、おなかに力を込めることを意識しましょう。

1

床にあお向けになり、頭の後ろで両手を組み、両ひざを曲げる。

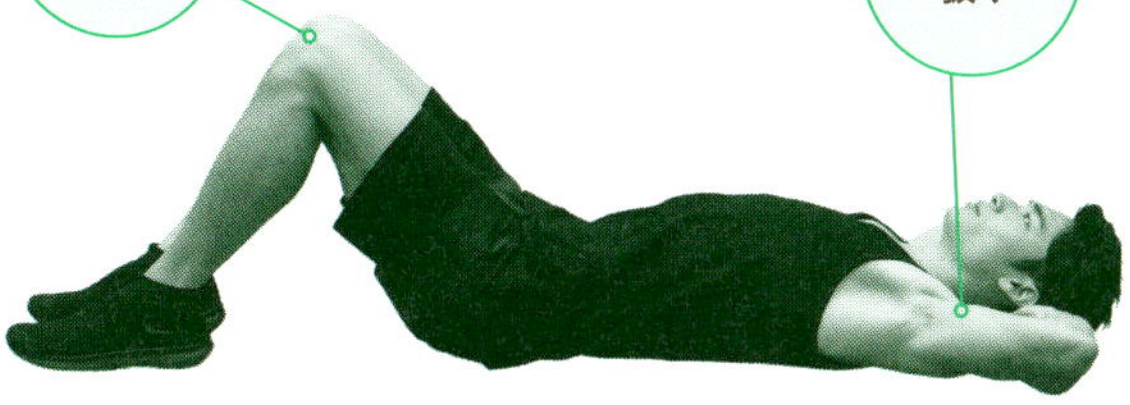
両ひざをくっつける
肩の力を抜く

2

おへそを見るように背中を丸めながら上体を起こす。1～2を1分間くり返す。

おなかを引き締めるよう意識しながら
腰が床から浮かないように

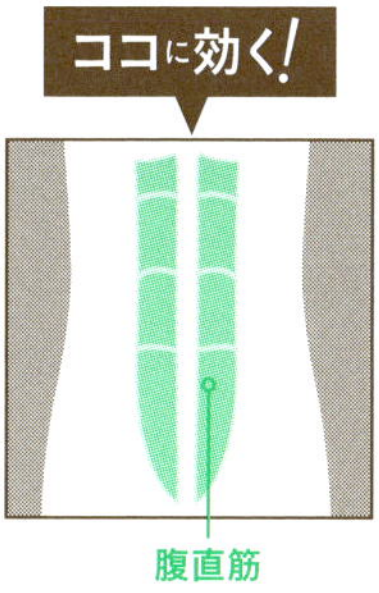
ココに効く!
腹直筋

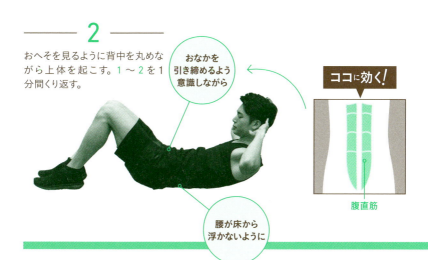

PLUS1 EXERCISE
プラス１エクササイズ
2

腹直筋上部を鍛える【トゥタッチ】

腹直筋の上部を鍛えるトレーニングです。脚を垂直に上げてつま先にタッチすることで、強い負荷をかけることができます。

勢いで上げるのではなく、腹筋の収縮を感じながら行うことが大切。元に戻すときも、ゆっくりとていねいに行いましょう。

ひざは曲げない
腕はまっすぐ

1

床にあお向けになり、天井に向かって両腕と両脚を伸ばす。

足首は直角に
腹筋の収縮を感じながら
勢いをつけ過ぎない

2

背中を浮かし、手を伸ばしてつま先をタッチする。1～2を1分間くり返す。

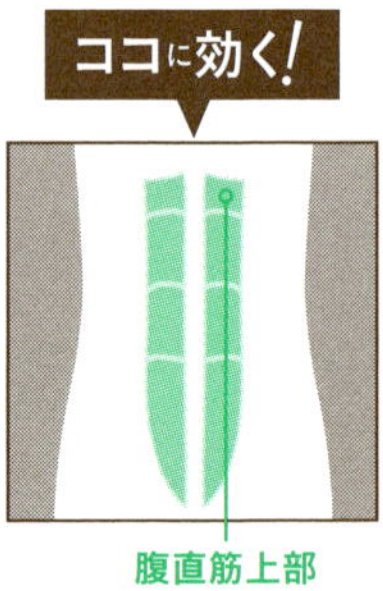
ココに効く!
腹直筋上部

PLUS1 EXERCISE
プラス1エクササイズ
3

胸・肩・腕の筋肉を鍛える【プッシュアップ】

ココに効く!

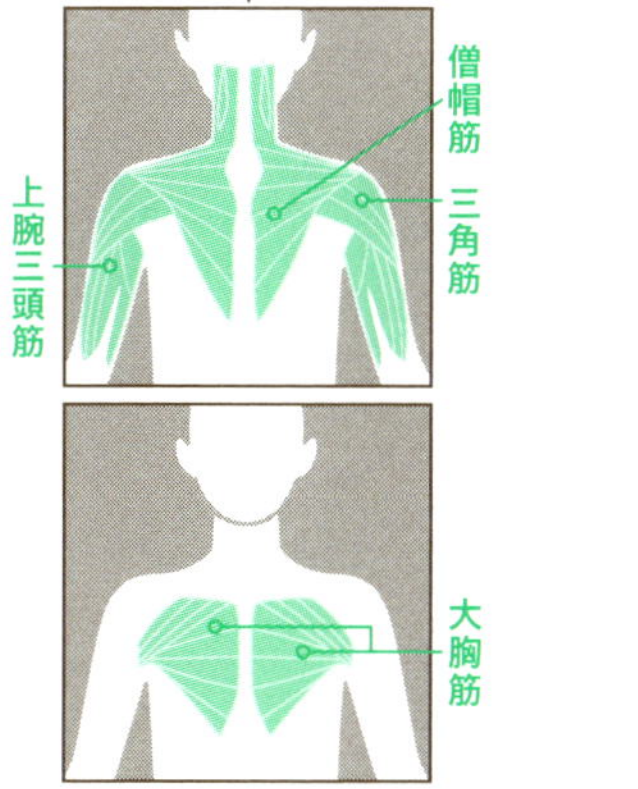

僧帽筋
三角筋
上腕三頭筋
大胸筋

胸の大きな筋肉・大胸筋や肩の三角筋、僧帽筋、上腕の後ろ側の上腕三頭筋を鍛えます。

猫背を防ぎ、年齢とともに脂肪がつきやすくなる二の腕や背中を引き締めます。足から首まで体が一本の棒になるように固定した姿勢を保ったまま腕を曲げるのがコツです。

1

両手を床につき、腕を伸ばし、体が一直線になるようにする。

体が一直線になるように
手は肩の真下につく
おなかに力を入れながら

2

両腕を曲げて胸を床に近づける。
1 ～ 2 を 1 分間くり返す。

おなかが下がらないように

Motivation

レッスン10

もっと毎日が楽しくなる！【スポーツで人生が豊かになる】

毎日スクワットをする習慣がつき、66日間のトレーニングが軌道に乗ってきたら、運動に対して以前とはまったく違うイメージを持つようになったのではないでしょうか。日常においては通勤電車で立ったままでいても以前ほど疲れず、階段の上り下りさえおっくうではなくなっているはずです。「1分スクワット」をアレンジしてさまざまなバリエーションを取り入れたり、時間をふやしたり、別の筋トレを追加したりして運動を習慣づけている人もいるかもしれません。

ここまでくれば、何か新しい習慣を考えはじめてもいい時期です。あくまでもスクワットは基本のトレーニングとして続けることを前提として、ゴールまでたどり着いたあとの発展型として新しい運動を考えてみてください。

水泳やサイクリング、ゴルフ、登山、乗馬など、体力がついてきたからこそ楽しめるス

ポーツがたくさんあります。すでに整ったボディラインを手にできているはずですから、ヨガやピラティス、ダンスなど一生楽しめる運動をはじめてもいいでしょう。

年齢に関係なく新しいチャレンジは可能ですし、初心者の立場で新しい運動を一からはじめることは、成熟世代ではなかなか味わえない新鮮な経験となり、人生を広げてくれるでしょう。新しい出会いも待っているかもしれません。

運動を通して、いままでの環境では出会えなかった人たちとの素晴らしい出会いが待っています。

「1分スクワット」の効果を高めるQ&A

Q1

スクワットをしたら筋肉痛になりました。次の日は休んだほうがいいですか?

A1

あまりにも痛みがひどい場合は別ですが、筋肉痛は筋肉を強化するために筋肉が壊されることによって起こる痛みですから、休む必要はありません。多少の筋肉痛があっても毎日続けてください。また、ストレッチやウォーキングなどで血行を促し、回復を早めるほか、傷んだ筋肉を再生するために良質なたんぱく質を積極的に摂取するようにするといいでしょう。ただし、スクワットによって必ずしも痛みが生じるわけではありません。

Q2

最近、慣れてきたのか、スクワットがラクになってきた気がします。時間をふやしてもいいですか？

A2

あまりにラクに感じる場合には、スクワットをする際のフォームが間違っているかもしれません。私は毎日プロのアスリートに近いトレーニングをしていますが、たとえ1分といえども、自分の体重がかかるスクワットはきついものです。スクワットの姿勢をチェックしてみましょう。問題がなく、余裕があれば、1分から3分、3分から5分と、徐々に時間をふやしてみるのもいいでしょう。

Q3

スクワットをやると筋肉がつきすぎて体重がふえてしまうのではと心配です。

A3

ハードな筋トレなら、脂肪がへって筋肉量がふえるため、体重がふえる傾向にありますが、「1分スクワット」ではその心配はありません。むしろ、全身の体型を整え、続けるうち、基礎代謝を高め、太りにくくやせやすい体質へと導いてくれます。

Q4

生理中や妊娠中に1分スクワットを行ってもいいですか？

A4

スクワットは骨盤まわりの筋肉を鍛え、血行をよくしますので、生理痛や生理時の不快感を軽くします。あまりにも重い痛みでなければ、積極的に行ってください。また、産後は1カ月検診が終わり、経過が順調であれば、スクワットを取り入れてもいいでしょう。体型戻しや出産による骨盤のゆるみの改善にもぴったりです。妊娠中はヨガやストレッチなどがおすすめです。

Q5

スクワットを続けていたら、ほかの筋トレもしたくなりました。トレーニングの種類を交換してもいいですか？

A5

とてもいい傾向です。もちろん、ほかのトレーニングを実践してもかまいませんが、必ずスクワットを基本にしてください。スクワットは毎日継続するための習慣ですから、スクワットにプラスして腹筋や背筋、腕などを鍛えるトレーニングを組み合わせるといいでしょう（→P.98）。1分ずつ組み合わせ、トータルで5分にするなど、自由にアレンジし、毎日の習慣にしてください。

Q6

スクワットを続けていたところ、腰やひざに痛みが生じました。中止したほうがいいですか？

A6

正しいフォームで行っているかチェックしてください。それでも痛む場合は中止し、医師に相談してください。また、転んだり打撲したりといった外傷のあるときは、無理せず中止し、改善してから再開してください。変形性ひざ関節症などと診断されている場合は、主治医に相談してください。

Q7

子どもが1分スクワットを行っても問題ありませんか？子どものうちから筋トレを行うと、身長が伸びなくなるのではないかと心配です。

A7

「1分スクワット」のような自重で行う筋トレを成長過程にある人が行ってもまったく問題ありません。生活様式の西洋化により、現代では少なくなったしゃがむ動作で鍛えるため、足腰を強くし、体力をつけるのに役立つはずです。

Q8

できるだけ早く効果を上げるためにプロテインを飲んでみたいのですが。

A8

プロテインは、たんぱく質を粉末にしたもので、効率よくたんぱく質を摂取することができますから、興味があれば飲んでもかまいません。ただし、スクワットだけの運動量であれば、ハイプロテイン食（→P.64）を心がけるだけでいいでしょう。

Epilogue

最初に「筋トレの本を書いてほしい」という執筆依頼を受けたとき、正直、あまり乗り気ではありませんでした。というのも、「読者が自宅で気軽に実践できる筋トレ本」というコンセプトは、パーソナルトレーナーとして20年近く真剣に取り組んできた私にとって、あまりにも現実とかけはなれたことのように思えたからです。

パーソナルトレーナーは、トレーニングの専門家です。筋肉のプロです。プロフェッショナルと呼ばれ、その道に進めば進むほど、専門性は高まり、奥は深くなっていきます。深いところまで物事を究めてみなければわからないことばかりなのです。

ですから、「だれにでも簡単にできるトレーニングを」といわれても、心の中では「肉体は千差万別。個人差があるのだからそんなに簡単なものじゃない！」と思ってしまうのです。

そんなとき、出版社からのオファーにお応えできるきっかけとなる出会いがありました。

デポルターレクラブ代表／
パーソナルトレーナー
竹下雄真

その一人は、国民的注目を集めた高校生スラッガー。彼は、今年3月の練習試合で帰塁の際にひざを痛め、満足にトレーニングもできず、また期待された選抜高校野球大会でも大きく調子をくずしていました。そこで、下半身の張りを取り戻し、重心を下げることを目的に、彼に毎日「1分スクワット」をやってみるようすすめたのです。

すると、効果はすぐに現れました。ホームランを量産しまくり、100年以上続く長い歴史を持つ高校野球の最多本塁打記録をまたたく間に塗り替えてしまったのです。

彼自身は「1分スクワットをはじめてから、めっちゃ調子イイっす！毎日続けます！」とうれしそうにいってくれました。

そして、もう一人は私の叔母です。数年ぶりに会う叔母は、外見こそあまり変わっていませんでしたが、歩き方に違和感があり、歩きやすそうな実用重視の健康靴をはいています。聞いてみると、ひざが悪く、痛みがあり、外出するのもおっくうだ

EPILOGUE

といいます。以前よりも5kgも太り、下腹部に脂肪がつき、脚やおしりの筋肉にも張りがありません。

そこで、「1分スクワット」をすすめてみたのです。すると、どうでしょう。2週間もしないうちに、叔母から電話があり、「あれから体が軽くなってひざの痛みもすっかり消えたわ!」と大喜びでした。

ひざの病気やケガ、強い痛みがある場合は別ですが、私の経験からいえることは、この「1分スクワット」は、男女、年齢、体型、筋力などの個人差を問わず、国民的なトップアスリートから、私の叔母のような一般の方まで、どなたにも絶大な効果が期待できるオールラウンドのトレーニングということです。

「人類の心身の健康を進化させる」——。これは当ジムのビジョンです。もっとも大切なことは、「毎日1分を続けること」。本書をきっかけに、新たな習慣とすばらしい人生を手に入れてください。

EPILOGUE

Profile

竹下雄真

（たけした・ゆうま）

デポルターレクラブ代表／パーソナルトレーナー
1979年3月26日神奈川県出身。早稲田大学スポーツ科学研究科修了。
1998年、アメリカ・シアトルでパーソナルトレーナー研修に参加。以降、スポーツ選手をはじめ、著名人、一流ビジネスマンといった多くのクライアントのコンディションをサポートする。2011年、西麻布にプライベートパーソナルトレーニングジム、デポルターレクラブをオープン。2014年、コートヤードHIROOにてデポルターレヨガ、デポルターレケアをオープン。クラブ経営のほかに飲食店「鶏長天乃じゃくTOKYO」をはじめフード開発、プロダクトやエクササイズの開発等、活動の場を拡げている。著書に『外資系エリートがすでに始めているヨガの習慣』（ダイヤモンド社）、『ビジネスアスリートのための腸コンディショニング』（パブラボ）などがある。

Staff

装丁	小口翔平＋上坊菜々子（tobufune）
撮影	岡田ナツ子
本文デザイン	門川純子　佐々木恵実（ダグハウス）
料理指導・栄養計算	岡清華（デポルターレクラブ）
料理製作	園田洋平
料理スタイリング	諸橋昌子
モデル	中世古麻衣　山岸将也
ヘアメイク	中田有美（オン・ザ・ストマック）
イラスト	湯沢知子
マンガ	えのきのこ
編集協力	小松田久美
編集	三宅礼子
校正	株式会社円水社

「1日1分」を続けなさい！

発行日　2017年10月1日　初版第1刷発行
2022年1月25日　第8刷発行

著者　竹下雄真
発行者　竹間 勉
発行　株式会社世界文化ブックス
発行・発売　株式会社世界文化社
〒102-8195
東京都千代田区九段北4-2-29
電話03-3262-5118（編集部）
電話03-3262-5115（販売部）
印刷・製本　凸版印刷株式会社

ISBN978-4-418-17423-2